JN069518

Christian Beaumelou

TRISTAN et YSEUT

annoté

par

Keizaburo Maruyama

TOKYO

ÉDITIONS ASAHI

INTRODUCTION

Il existe de nombreux livres[1] qui racontent l'histoire de Tristan et Yseut. Les aventures des deux héros ne sont pas toujours exactement semblables dans tous.[2] L'orthographe des noms propres change aussi d'un livre à l'autre. Yseut s'écrit parfois Yseult, Iseut ou ⁎ Isolde et les noms de presque tous les personnages (sauf Tristan et Marc) s'écrivent et se prononcent de diverses façons.

C'est que[3] les divers récits de cette légende célèbre ont été écrits à des époques différentes et dans des ⁎ pays différents. Les premiers textes sont du 12ᵉ siècle, mais on racontait certainement cette histoire depuis bien longtemps. Les derniers sont du 14ᵉ ou du 15ᵉ siècle. Les uns sont écrits en dialecte de Normandie, d'autres de Champagne, d'autres d'Alle- ⁎ magne.

---

1) **de nombreux livres**：不定冠詞複数形 des が形容詞 nombreux の直前におかれたため de となっている.
2) **tous**：代名詞, [tus] と発音することに注意.
   cf. {Ils sont *tous* contents. (代名詞)
          Ils sont *tout* contents. (副詞)
3) **C'est que**：C'est parce que

i

Mais les deux plus anciens auteurs connus, ceux qui sont les modèles des récits que l'on a composés après eux, sont Béroul et Thomas, qui écrivaient il y a exactement huit cents ans, dans le dernier tiers
* du 12ᵉ siècle. Ils sont parmi les tout premiers écrivains de la littérature française.

TRISTAN et YSEUT

I

Le jour de la naissance de Tristan, son père,
Rivalin était à la chasse. Rivalin était le roi du petit
pays de Loonois. En ce temps-là, les rois passaient
presque toutes leurs journées à chasser dans les grandes
forêts qui entouraient leurs châteaux. D'habitude, *
Rivalin rentrait le soir fatigué mais joyeux : il
rapportait un grand nombre de bêtes que, grâce à sa
force et à son adresse, il avait tuées. Mais ce jour-là,
c'est lui que l'on rapporta au château de Carlion :
tandis qu'il courait, sur son cheval, à la poursuite d'un *
sanglier, sa tête heurta une branche basse et il tomba
lourdement sur le sol. Avant qu'il ait eu le temps[1]
de se relever, le sanglier s'était retourné, et, se pré-
cipitant sur lui, lui avait ouvert le ventre[2] d'un coup
de sa corne.   *

---

1) **Avant qu'il ait eu le temps**： avant que に導かれる時の副詞
   節内では，動詞が接続法におかれる．また，avant qu'il n'ait eu le
   temps というふうに，虚辞の ne を用いてもよい.
2) **lui avait ouvert le ventre**：「彼の腹を突き破っていた」という
   ほどの意. avait ouvert *son* ventre というぐあいに所有形容詞を使
   わず，*lui* によって le ventre の所有者を表わす.
   cf. Je *me* suis lavé *le* visage.
   Il *m'*a pris par *la* main.

1

Quand ses compagnons, qui couraient derrière lui, arrivèrent, ils tuèrent l'animal, mais il était trop tard pour sauver le roi. Celui-ci appela son fidèle serviteur, Foitenant.

* —Foitenant, lui dit-il, je vais mourir. Bientôt ma femme va accoucher. Si l'enfant est un garçon, je veux qu'on l'appelle Tristan. Tu veilleras sur lui[1] et sur mon royaume, qui est maintenant le sien.

On porta le roi jusqu'au château. La reine, sa
* femme, venait juste d'accoucher d'un garçon. Elle était sur son lit, près de la fenêtre, et elle vit le cortège des compagnons de Rivalin qui portaient le corps de son mari. Elle comprit aussitôt. Elle ne dit pas un mot, mais ses yeux se remplirent de larmes.
* Elle se tourna vers le bébé qui venait de naître et qui dormait près d'elle. Puis sa tête retomba sur l'oreiller. Ses servantes se précipitèrent : elle était morte.

Tout le peuple de Loonois pleura son roi et sa
* reine.[2] Mais Foitenant dit :

—Notre roi et notre reine sont morts. Mais pleurer

---

1) **Tu veilleras sur lui :** veiller sur *qn*＝garder, protéger, prendre soin de *qn*

2) **pleura son roi et sa reine :** pleurer＝regretter, se lamenter sur. この pleurer は他動詞として用いられている。

3) **jouer de la harpe :** jouer は「遊ぶ」, jouer de ～ は「楽器類

ne les fera pas revenir à la vie. Travaillons maintenant
pour notre nouveau roi Tristan.

Les années passèrent. Tristan apprit à lire et à
écrire, à jouer de la harpe[3] et à composer des poèmes.
Il apprit aussi à monter à cheval, à sauter, à nager, *
à se servir des armes pour la chasse et pour la guerre.
Il devint un jeune homme courageux, beau et savant.
Et le jour de ses quinze ans, Foitenant lui dit :
—Si votre père était vivant, il vous enseignerait le
métier de roi. Moi, je ne peux pas le faire, car je *
ne suis qu'un modeste serviteur. Il faut que vous
alliez vivre quelque temps à la cour de votre oncle
Marc, le roi de Cornouaille. Auprès de lui, vous
apprendrez tout ce que vous devez savoir pour être
un bon roi.   *
    La Cornouaille était un pays voisin du Loonois, et
le roi Marc était le frère de la reine Blanchefleur, la
mère de Tristan. La capitale de la Cornouaille
s'appelait Tintagel. Le chemin de Carlion à Tintagel
était difficile et dangereux, aussi[4] Foitenant dit à *

をひく, 奏でる」, jouer à ～ は「スポーツ, ゲーム類をする」という意.
4) **aussi**: c'est pourquoi, à cause de cela の意で, 多くの場合そ
れに続く主語・述語が倒置される.
    Ces étoffes sont belles, *aussi* coûtent-elles cher.
    cf. à peine, peut-être などのあとの倒置.

3

Tristan:

—Vous ne partirez pas seul: Gorvenal vous accompagnera et restera avec vous tout le temps que vous serez en Cornouaille.

*   Gorvenal était l'écuyer[1] qui avait appris à Tristan à tenir les armes et à monter à cheval. Il était sage, courageux et fidèle. Pour Tristan, il serait un excellent compagnon.

Foitenant donna à Tristan un magnifique cheval.

* Tristan emporta de l'or et de l'argent, et aussi beaucoup de cadeaux pour le roi Marc. Il partit, accompagné de Gorvenal et de six jeunes gens de son âge qui étaient ses meilleurs amis.

Ils marchèrent pendant plusieurs jours à travers de * grandes forêts. Et un soir, ils aperçurent enfin le château[2] de Tintagel, qui était bâti sur un grand rocher au bord de la mer. Il était trop tard pour se

---

1) **écuyer**: gentilhomme qui était au service d'un chevalier
2) **ils aperçurent enfin le château**: apercevoir と s'apercevoir de はいずれも remarquer に近い意味をもっているが, apercevoir の方は直接目的をとる他動詞で「(具体物を) 認める, 見かける」という意味であるのに対し, s'apercevoir の方は de を介して抽象名詞を従えるか, de なしに節を従えて,「(に) 気づく」というほどの意.

比較
J'ai aperçu au loin le village.
Elle ne s'est pas aperçue de mon trouble.
Il s'est aperçu qu'il avait oublié son livre à la maison

4

présenter au roi Marc, et Gorvenal décida d'attendre le lendemain.　Ils allumèrent un feu pour se réchauffer pendant la nuit, et avant ~le s'endormir, Tristan joua de la harpe.

Un homme qui allait à Tintagel et qui passait par ＊ là, l'entendit et s'approcha sans se montrer.　Il était émerveillé par la musique de la harpe et par la voix de Tristan, qui chantait des poèmes qu'il avait lui-même composés.　Quand Tristan s'arrêta, l'homme se montra et dit:　　　　　　　　　　　　　　　　　＊

—Vous êtes un merveilleux joueur de harpe et un excellent chanteur.　Est-ce que vous ne voudriez pas venir vous faire entendre[3] à la cour du roi?

—Du roi Marc? dit Tristan.　C'est mon plus grand désir.　　　　　　　　　　　　　　　　　　　　　　＊

—C'est très facile, reprit l'homme: je suis le sénéchal[4] du roi, et je vais vous présenter à lui.

Le sénéchal était le chef des serviteurs du roi et il

---

3)　**venir vous faire entendre**:　一般に se faire＋*inf* 構文には①使役「～させる，～してもらう」と②受身「～される」の両様の意味があることに注意.

　　比較 {Je *me fais couper* les cheveux. / Je *me fais gronder* par mon père.

4)　**le sénéchal**:　nom donné autrefois à divers officiers royaux ここでは「家令」の訳があたる.

s'occupait de toutes les affaires du château.

—Mais vous, demanda-t-il, qui êtes-vous et d'où venez-vous?

—Je m'appelle Tristan. Je suis un pauvre jeune
* homme qui vient du pays de Galles. Mon père est mort à la guerre. Ces jeunes gens m'ont accompagné jusqu'ici, et cet homme est mon maître Gorvenal, qui m'a appris tout ce que je sais.

—Et qu'est-ce que vous savez de plus que chanter
* et jouer de la harpe? demanda le sénéchal.

—Je sais lire et écrire, jouer aux échecs, tirer à l'arc, me servir d'une épée, chasser le cerf et le sanglier et soigner mon cheval quand il est malade.

—Eh bien, dit le sénéchal, venez demain matin au
* château et je vous présenterai au roi.

Le lendemain matin, Tristan et ses compagnons se présentèrent devant la porte du château. Quand Tristan eut donné son nom[1], on les fit entrer et on les conduisit auprès du sénéchal, qui avait donné des
* ordres pour cela.

—Le roi va vous recevoir, dit-il à Tristan. Je lui ai parlé de vous, et il désire très fort vous entendre.

---

1) **Quand Tristan eut donné son nom:** donner の前過去形. 主節の単純過去形で表わされている動詞 fit の直前に行われた行為を表わす.

6

Le roi Marc était un homme d'environ quarante ans, grand et beau, avec une magnifique barbe noire. Il écouta Tristan et il fut si émerveillé qu'il voulut le garder à sa cour. Bien entendu, Tristan accepta, mais il ne dit pas au roi Marc qu'il était son neveu. *

*   *   *

Il y avait trois ans déjà que Tristan était à la cour de Marc lorsqu'il arriva un événement qui allait changer toute sa vie.

La Cornouaille avait eu, bien longtemps avant, une guerre avec l'Irlande. Elle avait été battue et *
depuis elle payait *un tribut*[2], c'est-à-dire qu'elle devait envoyer en Irlande, tous les cinq ans, trois cents garçons et trois cents filles de quinze ans, qui devaient travailler pour le roi d'Irlande et qui ne revenaient jamais plus dans leur pays.   *

On était au printemps et c'était le moment où l'envoyé du roi d'Irlande allait venir réclamer le tribut. Cet envoyé était un géant d'une force extraordinaire que personne encore n'avait pu vaincre dans une bataille. Il s'appelait le Morholt[3] et il *
était le frère de la reine d'Irlande, donc le beau-frère

---

2) *un tribut*: contribution forcée, imposée par un Etat à un
   autre
3) le Morholt: [lə mɔrɔlt] と発音.

du roi.

Un matin, le bateau du Morholt arriva dans le port de Tintagel. Tout le monde était triste et le roi Marc était encore plus malheureux que les autres. * Tristan demanda au sénéchal:

—Qu'arriverait-il si le roi refusait de payer le tribut?

—Alors, dit le sénéchal, le roi d'Irlande reviendrait nous faire la guerre, et comme les Irlandais sont beaucoup plus nombreux que nous, nous serions * encore battus et nous serions encore plus malheureux.

—Mais est-ce qu'il n'y a aucun moyen de ne pas payer ce tribut?

—Si, dit le sénéchal, il existe un moyen: il faut qu'un homme accepte de se battre tout seul contre le * Morholt. S'il gagne, le Morholt repartira pour toujours[1], et la Cornouaille n'enverra plus jamais ses garçons et ses filles en Irlande. Mais on ne trouvera jamais un homme capable de vaincre le Morholt.

Tristan ne répondit pas, mais il alla trouver le roi * Marc.

—Roi Marc, dit-il, depuis trois ans je suis dans votre cour. Depuis trois ans je vous ai servi le mieux que

---

1) **pour toujours:** à jamais「永久に」
2) **un jeune homme était *armé chevalier*:** armer *qn* chevalier

j'ai pu sans rien vous demander. Mais aujourd'hui je voudrais vous demander quelque chose.

—Je te l'accorde, dit Marc. Que désires-tu?

—Je vous demande de m'armer chevalier dès demain.

Quand un jeune homme était *armé chevalier*[2] par * un roi, le roi lui donnait solennellement une épée et un écu et le jeune homme devenait alors son compagnon. C'était un très grand honneur. Tristan méritait bien cet honneur et Marc lui dit :

—J'ai dit que je t'accordais ce que tu allais me * demander. Tu seras donc armé chevalier dès demain. Mais je regrette que cette cérémonie se déroule un aussi triste jour[3] : ce soir le Morholt est arrivé dans le port et demain il viendra me réclamer le tribut du roi d'Irlande.   *

Le lendemain, le roi Marc arma Tristan chevalier devant toute la cour. Malgré la tristesse générale, tout le monde se réjouit dans son cœur de l'honneur que le roi faisait à Tristan.

Juste au moment où la cérémonie se terminait, * quatre Irlandais entrèrent dans la salle et dirent au roi :

は，騎士の称号をうける儀式の際に剣と楯を与えること.
3) **un aussi triste jour**：「こんなにも悲しい日に」副詞句.

—Roi Marc, nous venons de la part du Morholt[1], le, grand chevalier d'Irlande, et nous venons te demander le tribut que tu dois payer tous les cinq ans. Rassemble les trois cents garçons et les trois cents

* filles : nous les embarquerons dans six jours[2].

Le roi ne dit rien, mais Tristan s'avança :

—Dites au Morholt qu'aujourd'hui la Cornouaille refuse de payer ce tribut injuste. Je suis prêt à me battre, seul contre le Morholt. S'il me tue, vous

* emporterez les six cents enfants, mais si je gagne, la Cornouaille ne paiera plus jamais de tribut à l'Irlande.

Avant d'accepter, le Morholt voulut savoir qui était ce jeune homme qui osait se battre contre lui, le frère de la reine d'Irlande, le beau-frère du roi. Tristan répondit fièrement :

* —Tu es noble, Morholt, mais je suis aussi noble que toi : je m'appelle Tristan, mon père était Rivalin, le roi de Loonois, et ma mère était la sœur du roi Marc.

En entendant ces mots, le roi se lève[3]. Il est

* très ému. Il embrasse Tristan. Il regrette maintenant de l'avoir armé chevalier aujourd'hui.

---

1) **de la part du Morholt**：au nom du Morholt の意.
2) **dans six jours**：「6日後に」の意.「6日以内に」は dans les six jours と定冠詞がはいる.
3) **le roi se lève**：現在形で記述されているが，これは présent

Le combat aura lieu le lendemain, dans une petite île en face de Tintagel. Le Morholt et Tristan arrivent chacun dans une barque. Le Morholt tire la sienne sur la plage, mais Tristan d'un coup de pied, repousse sa barque vers la mer. *

—Dans une heure, dit-il, l'un de nous deux sera mort ; l'autre n'aura besoin que d'une barque pour revenir à Tintagel.

Le combat commence. Il dure beaucoup plus d'une heure : les deux combattants sont habiles et * courageux. Vers le soir ils sont tous les deux couverts de sang et épuisés. Mais à un moment, Tristan lève sa lourde épée et frappe sur la tête du Morholt : le fer entre profondément dans le crâne de l'Irlandais. Le coup est si violent qu'un morceau de * l'épée de Tristan se casse et reste enfoncé dans la tête du Morholt. Alors le Morholt se traîne jusqu'à sa barque et quitte l'île. De Tintagel, ses amis l'ont vu : ils sortent vite du port avec leur bateau. Quand ils arrivent près de la barque, le Morholt leur dit : *

—Allons vite en Irlande ; j'ai bien peur d'être mort

---

historique とか présent narratif と呼ばれるもので、過去の出来事を目前で行われているように描いて、物語に生彩を添える手法. この後にも各所に見られる.

avant d'y arriver.

Le roi Marc et les Cornouaillais viennent chercher[1] Tristan. Ils sont remplis de joie : leurs enfants sont sauvés pour toujours.

* Mais dans le combat, Tristan avait aussi perdu beaucoup de sang et il avait reçu une terrible blessure à la hanche. Les meilleurs médecins de Cornouaille le soignèrent mais ils ne réussirent pas à guérir cette blessure. Il ne dormait ni la nuit ni le jour, mangeait
* peu et maigrissait. L'odeur de sa plaie était insupportable et seul le fidèle Gorvenal restait auprès de lui pour le soigner. Alors, un jour, Tristan demande à parler[2] au roi Marc.

—Mon cher oncle, dit-il, je ne peux pas rester plus
* longtemps ici, car je ne peux ni vivre ni mourir. Je vous demande donc de me donner une barque avec une petite voile. On me mettra dans la barque avec de la nourriture pour quelques jours, et on la poussera vers la mer. Ensuite, Dieu me guidera où il voudra.
* Peut-être ainsi j'arriverai dans un pays où on pourra me guérir ; alors je reviendrai en Cornouaille. Ou,

---

1) ...**viennent chercher**：「さがしに来る」のではなく「連れに来る，迎えに来る」の意.
2) ...**demande à parler**：demander à ＋*inf*「〜 したいと言う」
   On a demandé à manger.
   demander à *qn* de＋*inf* の形と区別すること.

12

peut-être, ma barque coulera et je me noierai dans la mer, si c'est la volonté de Dieu.

Marc était très triste de voir partir son neveu, mais il accepta et trois jours plus tard, Tristan s'éloigna de Tintagel, seul dans sa barque et jouant de la * harpe pour son seul plaisir.

Poussé par le vent et guidé par Dieu, Tristan avança sur la mer pendant quatre jours et quatre nuits. Le matin du cinquième jour, quand il se réveilla, il s'aperçut que sa barque était presque * arrêtée et qu'il se trouvait devant un port rempli de bateaux. Les gens du port aperçurent la barque et deux pêcheurs s'en approchèrent[3], croyant qu'elle était vide. Ils furent très surpris d'entendre les sons harmonieux d'une harpe sortir de cette barque perdue. * Quand ils montèrent dans la barque, ils découvrirent Tristan et ils furent émus de le voir si maigre et si faible.

—Amis, dit Tristan, je suis un pauvre poète et musicien qui vient du pays de Galles. Là-bas, j'étais * heureux, je jouais de la harpe et je chantais dans les

---

3) **deux pêcheurs s'en approchèrent:** en = de la barque ; s'approcher も s'éloigner もともに de を従えることに注意。
  ⌠La barque s'éloigne *du* port.
  ⌡La barque s'approche *du* port.

13

châteaux, pour les riches seigneurs et les belles dames, jusqu'au jour où j'ai reçu cette blessure que vous voyez. Aucun médecin du pays n'a pu me guérir. Alors j'ai demandé qu'on me mette dans cette barque,
* et le vent m'a poussé jusqu'ici.

Ils répondirent:

—Etranger, tu trouveras ici les meilleurs médecins. Ils te guériront et tu pourras rester chez nous, car nous aimons les musiciens et les poètes: tu es ici en
* Irlande, cette ville est Weisefort[1] et le château que tu vois sur cette colline est celui de notre roi, Gormond, et de la reine Yseut sa femme.

L'un des pêcheurs emmena Tristan chez lui et fit venir un médecin qui le soigna pendant quelques
* jours. Tristan jouait de la harpe et beaucoup de gens s'assemblaient devant sa fenêtre pour l'écouter. On parlait de lui dans toute la ville et jusqu'au château[2]. La reine voulut voir ce merveilleux joueur de harpe et son sénéchal vint le chercher pour le

---

1) **Weisefort:** [vejzfɔrt] と発音.
2) **jusqu'au château:** jusque は強意的に使われ, même の意. *cf.* Il aime *jusqu'à* ses ennemis.
3) **blanche comme le lait:** ここでは comme l'or, comme la soie, comme le ciel de printemps … と多くの comparaison が用いられている. フランス語特有の直喩の cliché には次のようなものがある.

14

conduire au château.

Quand la reine le vit, elle lui dit :

—Malheureux garçon, tu ne sais pas que tu as été blessé par une arme empoisonnée? Aucun médecin ne pourra jamais te guérir. Mais moi je connais les * remèdes qui peuvent te sauver. Quel est ton nom?

Tristan ne voulait pas dire son vrai nom. Il savait que la reine Yseut était la sœur du Morholt, et il pensait que peut-être elle connaissait le nom de celui qui avait vaincu et tué son frère. Il répondit : *

—Dame, mon nom est Tantris.

Aussitôt la reine commença à nettoyer la plaie. Elle appela sa fille pour l'aider.

C'était une merveilleuse jeune fille de quinze ans, plus belle que toutes celles que Tristan avait vues * jusque là. Elle avait de longs cheveux blonds comme l'or et fins comme la soie, des yeux bleus comme le ciel de printemps et la peau blanche comme le lait[3]. Sa voix était douce et ses gestes gracieux. Elle

---

sourd comme un pot	vivre comme des pachas
malin comme un singe	manger comme un ogre
rusé comme un renard	boire comme un trou
bête comme une oie	jurer comme un païen
fier comme un paon	se débattre comme un
bavard comme une pie	diable dans un bénitier
pauvre comme Job	

s'appelait Yseut comme sa mère.

La reine et sa fille le soignèrent si bien qu'au bout d'un mois il fut guéri. Alors il dit à la reine :

—Dame, je vous remercie. Grâce à vous j'ai échappé
* à la souffrance et à la mort. Maintenant, je suis guéri et il faut que je rentre dans mon pays, car toute ma famille me croit peut-être mort. Aussi, je vous demande la permission de repartir.

En réalité, Tristan avait surtout peur que la reine
* arrive à découvrir son vrai nom. La reine aurait bien voulu le garder[1] plus longtemps : jamais elle n'avait entendu jouer de la harpe et chanter aussi merveilleusement. Mais elle ne pouvait le retenir s'il avait envie de partir, et un matin il s'embarqua
* sur un bateau qui allait en Angleterre et qui le déposa à Tintagel.

---

1) **La reine aurait bien voulu le garder :** La reine voudrait bien le garder. 条件法過去は, このように論理的には現在を表わすことがある. (Le BIDOIS : *Syntaxe du français moderne*, **II, 743**)

II

Tristan, guéri, est revenu à la cour de Tintagel.
Le roi Marc est heureux de son retour: à quarante
ans, il n'est pas marié, et il n'a donc pas de fils pour lui
succéder après sa mort.   Aussi il pense laisser son roy-
* aume à son neveu.   Mais les compagnons du roi sont
jaloux: Tristan est un étranger, et ils ne veulent pas
avoir pour roi un homme venu d'un autre pays.
D'ailleurs, Tristan est déjà roi de Loonois: s'il devient
aussi roi de Cornouaille, il ne sera pas souvent à
* Tintagel, et la Cornouaille sera bien mal gouvernée!
C'est pourquoi les compagnons du roi conseillent
à Marc de se marier.   Un jour qu'ils sont tous réunis
dans la grande salle du château, deux hirondelles
entrent par la fenêtre en se disputant.   L'une d'elle
* laisse tomber de son bec un fil d'or.   Le roi le ramasse
et s'aperçoit alors que c'est un cheveu.

—Vous voulez tous que je me marie, dit-il.   Eh bien,
je veux épouser la femme à qui appartient ce cheveu.

Les compagnons pensent que le roi a trouvé un

---

1)   changer sa parole: manquer à sa parole 「二枚舌を使う」

moyen habile de ne pas se marier : comment retrouver, en effet, la femme à qui appartenait ce cheveu ?

Mais Tristan a pris le cheveu entre ses doigts ; il le regarde puis dit au roi :

—Oncle Marc, donnez-moi un bateau et vingt cheva- * liers, et je vous ramènerai la fille aux cheveux d'or.

Le roi est très surpris, mais il ne peut changer sa parole[1] : il a promis d'épouser la femme dont l'hirondelle a apporté un cheveu. Il est obligé d'accorder à Tristan ce qu'il lui demande. Et quelques jours * plus tard, son neveu s'embarque sur un bateau chargé de toutes sortes de marchandises. Il est accompagné de vingt jeunes chevaliers et de son fidèle compagnon Gorvenal.

La mer et le vent sont bons et le bateau arrive * bientôt en Irlande. Tristan et ses compagnons, habillés en marchands[2], débarquent à Weisefort et commencent à vendre les marchandises qu'ils ont apportées.

Le lendemain de leur arrivée, ils furent réveillés par des cris, et ils virent les hommes, les femmes et * les enfants qui couraient dans les rues comme s'il y avait un incendie.

—Qu'arrive-t-il ? demanda Tristan à un homme qui passait près de lui.

---

2) **habillés en marchands** : 「商人の服装をして」

L'homme répondit :

—On voit bien que vous êtes étranger ! Il y a, dans la forêt voisine un grand serpent qui sort de sa cachette une fois par an. Il vient jusqu'à la ville où il tue * beaucoup de gens et détruit tout ce qui se trouve sur son chemin. Il est énorme, et sa bouche crache de la fumée et des flammes qui brûlent tout. Le roi a promis beaucoup d'or à celui qui parviendra à tuer le serpent. Il lui donnera même sa fille, la belle * Yseut, s'il est de noble famille.

Tristan remonte vite sur son bateau. Il s'habille comme pour la bataille, prend son épée et son écu et débarque avec son cheval. Il demande par quelle route arrive le grand serpent. On la lui indique. Il * sort de la ville et marche vers la forêt. Il entre bientôt dans l'ombre des grands arbres, et au bout de peu de temps il entend un bruit terrifiant et il aperçoit deux yeux rouges et brillants : c'est le grand serpent qui s'avance vers lui. Il se prépare à se battre, * mais déjà le serpent est sur lui. Il crache de la fumée

---

1) **il lui perce le cœur:** 身体の部分に付される所有形容詞は次の場合，定冠詞に代えられる.

① 所有者が主語である場合，または身体の部分が所有者に作用を及ぼす場合:

J'ai mal à *la* tête. *La* tête lui tournait.

et des flammes. Tristan est aveuglé et son cheval est tué. Mais Tristan a réussi à sauter de côté, et au moment où le serpent se retourne, il lui enfonce son épée dans la gueule et il lui perce le cœur[1]. Le serpent jette un dernier cri avec une horrible fumée. *
Quand il voit qu'il est bien mort, Tristan lui coupe le langue, et la met dans sa chemise, puis il retourne à Weisefort.

Dans la ville, on connaît déjà la nouvelle et bientôt le château apprend la mort du grand serpent. La *
reine et sa fille veulent voir le courageux chevalier qui l'a tué. Quand Tristan se présente devant elles, elles le reconnaissent.

—N'es-tu pas Tantris, le musicien que nous avons soigné l'autre année ? demandent-elles. *

—Si, dit Tristan, je suis Tantris. Je suis revenu en Irlande avec des marchands de Flandres. J'ai appris qu'un grand serpent terrorisait le pays et que le roi avait promis quatre cents pièces d'or à celui qui le tuerait. Je me suis armé comme un chevalier et je suis allé dans *

---

② 代名動詞：
Je me lave *les* mains.
③ 主語が別人でも，直接・間接代名詞によって所有者が示されている場合：
Il m'a sauvé *la* vie.
本文の例は③にあたる．p. 1 注 2) 参照.

la forêt. J'ai rencontré le serpent et je l'ai tué. J'ai donc gagné la récompense. Pour montrer que c'est bien moi qui ai tué le serpent, j'ai coupé sa langue et je l'ai apportée.

* Il ouvre sa chemise et tire la langue du serpent.

—Malheureux, dit la reine, ne sais-tu pas que cette langue est empoisonnée. Tu l'as mise contre ta peau et elle va te brûler comme du feu. Mais heureusement je connais aussi le remède contre ce poison et
* je vais pouvoir te guérir à nouveau[1].

A ce moment, le poison commence à agir. La tête de Tristan se met à tourner et tout d'un coup il tombe évanoui aux pieds de la reine. Pendant que sa fille et ses servantes préparent ce qu'il faut[2] pour
* le soigner, la reine tire son épée pour la nettoyer. Elle remarque que le bord de l'épée est cassé et la forme de la cassure la surprend. Dans un coffret, elle a gardé le morceau de fer qu'on avait retiré de la tête

---

1) **à nouveau:** de nouveau, encore une fois
2) **ce qu'il faut:** ce qu'il est nécessaire, indispensable
3) **...qui manque à l'épée:** manquer の用法はいくつかあるので整理しておくこと.
  ① manquer ～ 「を逸する, 欠席する」Il a *manqué* le train (la classe).
  ② manquer de ～ 「～を欠く」Paul *manque de* politesse.
  ③ manquer de+*inf*「～しない, し忘れる」Ne *manquez* pas *de* lui téléphoner.

de son frère le Morholt. Elle va le chercher : c'est le morceau de fer qui manque à l'épée[3] de Tantris ! Elle pousse un grand cri et se précipite sur le jeune homme :

—Tu m'as menti ! Tu n'es pas Tantris, mais Tristan, le neveu du roi Marc, et c'est toi qui as tué mon *
frère avec cette épée. Tu vas mourir, et c'est moi qui vais te tuer avec cette épée.

Mais le sénéchal du château a entendu les cris de la reine. Il arrive en courant et dit :

—Dame, ne tuez pas ce chevalier ! C'est lui qui nous *
a délivrés du serpent.

—Il a tué mon frère, dit la reine.

—Eh bien, dit le sénéchal, vous ne pouvez pas, vous la reine, vous venger vous-même : c'est le roi qui doit faire justice. Donnez-moi cette épée.   *

Le sénéchal prend l'épée et va trouver le roi. Le roi est très en colère, mais il fait venir Tristan.

—Tristan, dit-il, vous m'avez fait une grande honte

---

④ manquer (de) + inf 「もう少しで〜する」 J'ai *manqué* me noyer.

⑤ manquer à 〜 「〜に欠けている」 Le morceau de fer *manque* à l'épée.
⑤の用法で、間接目的が人間の場合「その人にとって…がいなくて淋しい」という意味にもなる。 Vous me *manquez* beaucoup.
なお，manquer には次のような非人称構文もあることに注意.
Il *manque* du courage à Jean.

et un grand dommage quand vous avez tué le Morholt. Je devrais vous condamner à mort. Mais vous avez sauvé mon pays du grand serpent et de plus vous êtes mon hôte[1]. Vous ne mourrez donc

 * point, mais vous devrez quitter l'Irlande avant trois jours et ne jamais plus y revenir. Passé les trois jours, si l'on vous trouvait dans mon royaume, vous seriez pendu aussitôt.

—Sire, dit Tristan, avant de quitter votre pays, je
 * dois vous dire un important message de la part de mon oncle, le roi Marc. Je vous demande de réunir demain tous vos compagnons dans la grande salle du château. Je parlerai devant eux.

Tristan descend au port et retrouve Gorvenal et ses
 * amis, qui sont tout heureux[2] de le revoir. Le lendemain, il se présente au château accompagné des vingt chevaliers vêtus de leurs plus beaux habits. Devant tous les Irlandais assemblés, il s'adresse au roi:

—Sire, dit-il, je ne suis pas revenu en Irlande pour
 * tuer le serpent. C'est par hasard que je me suis trouvé à Weisefort le jour où il devait venir dévaster

---

1) **vous êtes mon hôte**: hôte には「客」という意味とその反対の「主人（もてなす側）」という意味があることに注意. ここでは前者の意.

2) **qui sont tout heureux**: tout は副詞で tout à fait の意. 一般に不変だが，子音で始まる女性形容詞の前だけ性・数一致する.

26

la ville. Mes amis que vous voyez ici ne sont pas des marchands flamands mais de jeunes chevaliers de Cornouaille. Le roi Marc nous a envoyés vers vous pour vous demander de lui donner votre fille Yseut en mariage.   *

Et devant les Irlandais étonnés, Tristan raconte l'histoire des hirondelles et du cheveu d'or. Il termine son récit en disant:

—Si vous donnez votre fille en mariage au roi Marc, l'Irlande et la Cornouaille seront désormais amies et * alliées et la paix règnera pour toujours entre nos deux pays.

Le roi demande conseil à ses compagnons et à la reine. Tous s'écrient:

—Que le roi Marc épouse Yseut, et que la paix règne * entre nos deux royaumes!

—Tristan, dit le roi, j'avais promis ma fille au vainqueur du serpent. Je tiens donc ma promesse et je te la donne. Tu pourras l'emmener quand tu le voudras. J'ai confiance en toi et en tes amis: je * sais que vous la conduirez avec respect jusqu'au

---

Elles sont *toutes* tristes.
この場合代名詞の女性複数形 toutes と混同されやすいから，文脈によって判断すること．(p. i 注 2) 参照) ただし口語では，副詞の場合は toutes＋tristes を一息で発音し，代名詞の場合は toutes と tristes の間に短い休止をおいて発音する．

roi Marc qui deviendra son époux.

On prépara le départ d'Yseut. Elle emmènera[1] avec elle sa fidèle amie Brangain et quelques unes de ses servantes. Elle emportera aussi de riches cadeaux.

* La veille du départ, la reine appela secrètement Brangain. Elle avait préparé un philtre[2], c'est-à-dire une boisson magique, et elle dit à la jeune fille en la lui remettant :

—Brangain, prends bien soin de ce flacon : c'est

* un philtre d'amour. Ceux qui le boivent ensemble deviennent si fort amoureux que rien ne peut les séparer. Tu en feras boire à Yseut et à Marc[3] le soir de leurs noces. L'effet de la boisson dure exactement trois ans. Dans trois ans, s'il plaît à Dieu,

* un enfant sera né, et les années les plus difficiles pour des nouveaux mariés[4] seront passées.

---

1) **Elle emmènera…:** emmener は「人を連れて行く」その反対の「人を連れて来る」は amener,「物」の場合のペアは emporter ←→ apporter

2) **philtre:** breuvage magique destiné à inspirer l'amour, boisson amoureux

3) **Tu en feras boire à Yseut et à Marc:** 使役の faire +*inf* 構文. 否定, 倒置疑問, 肯定命令以外には faire と *inf* の間に他の語をおかないのが原則.

   ① 不定詞が自動詞の場合:
   Je *fais chanter* Paul. → Je le *fais chanter*.

   ② 不定詞が他動詞の場合:
   Je *fais traduire* cette lettre à Paul. → Je la lui *fais traduire*.

28

Brangain prit le flacon et le mit au milieu de ses affaires. Elle promit de faire comme la reine lui avait commandé.

Quand tous les préparatifs furent terminés, Tristan et ses compagnons, Yseut et ses servantes s'em- *
barquèrent sur un grand et beau navire et ils sortirent du port de Weisefort salués par le roi, la reine et tout le peuple assemblé sur le rivage.

なお，文意が二重にとられる恐れがあるときは，à ～ の代りに par ～ を用いる.

比較 {Je fais annoncer cette nouvelle *à* Jean.
{Je fais annoncer cette nouvelle *par* Jean.

ただし，faire savoir, faire remarquer, faire comprendre は常に à ～ の形.

4) des nouveaux mariés: 「新婚夫婦」.「新婦」は nouvelle mariée. des が nouveaux という形容詞の直前でも de とならないのは，nouveaux mariés が一体化した概念であるため.

比較 {*de* bons garçons
{*des* jeunes filles

III

C'était le milieu de l'été et le temps était magnifique. Mais Yseut restait triste. Elle disait à Tristan :
—En Irlande, j'étais une jeune fille heureuse. Je vivais tranquillement entre mon père et ma mère, au milieu
* de mes amies. Un jour, dans quatre ou cinq ans, je me serais mariée[1] avec un homme de mon pays. Avant de l'épouser, j'aurais eu le temps de le connaître et de l'aimer. Mais, à cause de vous, je m'en vais dans un pays étranger, au milieu de gens que
* je ne connais pas, et je vais devenir la femme d'un homme que je n'ai jamais vu.

Tristan essayait de la consoler. Il lui disait que la Cornouaille était un beau pays, Tintagel une ville agréable, les Cornouaillais des gens très doux[2] et que
* le roi Marc était le meilleur homme de la terre. Il

---

1) **Un jour, ... je me serais mariée**: 未来を示す状況補語を伴う時, 条件法過去は未来完了を表わす.
   cf. Si l'on m'en donnait le loisir, j'*aurais achevé* mon instruction en moins d'un an.
2) **des gens très doux**: gens はもともとは la gent「国民, 種族」の複数形であったため, 意味の上では hommes「男たち, 人々」という男性としてあつかうが完全に男性化されてはいない. gens の

jouait aussi de la harpe et chantait ses plus jolies chansons, mais rien ne pouvait ramener un sourire sur les jolies lèvres d'Yseut.

Le deuxième jour du voyage, vers midi, le vent s'arrêta de souffler. Le ciel était sans nuages et le ∗ soleil brillait exactement au-dessus du bateau. Il faisait si chaud que tout le monde dormait. Seuls Tristan et Yseut restaient éveillés et parlaient ensemble, l'un de la Cornouaille et l'autre de l'Irlande. A un moment, comme ils avaient soif, ils appelèrent une ∗ servante et ils lui demandèrent de leur apporter à boire[3]. La servante alla trouver Brangain. La jeune fille dit à la servante de remplir une coupe de vin, puis elle se leva et la porta elle-même à Yseut et à Tristan. Celui-ci prit la coupe et la tendit à Yseut ∗ qui en but la moitié. Tristan but l'autre moitié et aussitôt ils devinrent tous les deux très pâles et ils se regardèrent avec effroi. En voyant leur visage, Brangain comprit tout à coup : elle courut dans sa

---

直前に形容詞がおかれると女性複数形となるのはそのためである.

比較 {bonnes gens, vieilles gens
{tous les gens, gens courageux

3) de leur apporter à boire: de leur apporter de quoi boire; de quoi +inf=la chose nécessaire pour~, quelque chose à ~ cf. Nous avons de quoi vivre.

Il n'y a pas de quoi se fâcher.

chambre et regarda le flacon que la servante avait pris pour verser le vin. C'était bien le flacon de la reine, celui qui contenait la boisson magique que seuls devaient boire Yseut et Marc[1] le soir de leurs
* noces !

Maintenant, Yseut regardait Tristan et lui disait :

—Que se passe-t-il ? Tout à l'heure je vous haïssais parce que vous m'avez obligée à quitter mon Irlande, et maintenant il me semble que je vous aime et que
* je vous ai toujours aimé.

Tristan répondit :

—Belle Yseut, moi, je ne vous ai jamais haïe, mais vous êtes la fiancée de mon oncle et je me suis empêché de vous aimer[2]. Mais maintenant je sens que
* je n'ai plus de force, que je vous aime et que je suis incapable de résister à cet amour.

Ils étaient tous les deux honnêtes et loyaux et toute la journée ils s'efforcèrent de résister aux effets de la boisson magique. Mais cette boisson était toute-
* puissante et quand la nuit arriva, Yseut s'abandonna tout entière dans les bras de Tristan.

---

1) ...que seuls devaient boire Yseut et Marc : devoir の主語は Yseut et Marc. seuls は主語の同格でこれと性・数一致する.
   cf. La violence *seule* le contraindrait.
2) je me suis empêché de vous aimer : s'empêcher de = se défendre, se retenir de

Brangain pleura toute la nuit. Le matin, elle avait
les yeux rouges et Gorvenal en fut très étonné[3]). La
jeune fille lui raconta ce qui était arrivé:
—Yseut et Tristan ont bu ensemble la boisson magique et rien ni personne ne peut plus les empêcher de *
s'aimer. Déjà cette nuit Tristan a trahi son oncle.
Dès le soir de ses noces le roi Marc s'en apercevra.
Il renverra Yseut en Irlande et il fera mourir Tristan,
et moi aussi, parce que je n'ai pas su protéger la
reine.   *
—Certes, dit Gorvenal, ce qui est arrivé est un grand
malheur. Mais ne pleurez plus, Brangain: j'ai un
moyen d'éviter que Marc s'aperçoive[4]) de la trahison
de sa fiancée et de son neveu.

Dans la nuit, le vent avait recommencé à souffler *
si bien que le bateau arriva bientôt à Tintagel. Dès
qu'on l'aperçut sur la mer, on courut au château.
Aussitôt le roi Marc et ses compagnons, suivis de
tous les habitants de la ville, descendirent sur le
port pour accueillir la jeune fille aux cheveux d'or. *
Quand Yseut sortit du bateau, le roi et tous les

Il ne pouvait *s'empêcher de* rire.
3) **en fut très étonné:** en は de ce fait qu'elle avait les yeux
rouges
4) **éviter que Marc s'aperçoive...:** s'apercevoir が接続法におか
れているのは従節を直接目的とする動詞が éviter であるため.

33

Cornouaillais pensèrent aussitôt qu'ils n'avaient jamais vu une jeune fille aussi belle.

Le mariage eut lieu huit jours plus tard. Ce fut une magnifique cérémonie. Quand le moment de * se coucher arriva pour les nouveaux époux, Tristan et Gorvenal conduisirent Marc dans sa chambre pendant que les servantes préparaient la jeune reine pour la nuit. Quand le roi fut couché, Tristan éteignit toutes les lumières. Le roi s'étonna. Tristan lui * répondit que c'était la coutume en Irlande et que la mère d'Yseut lui avait bien recommandé de ne pas y manquer.

Alors Brangain entra dans la chambre et se coucha près du roi. Marc avait bu du vin au repas et il ne * s'aperçut pas que ce n'était pas la reine qui était dans son lit. Quand il s'endormit, tard dans la nuit, Brangain se leva doucement et Yseut vint prendre sa place. Marc se réveilla avec le jour[1]. Il vit Yseut endormie près de lui et il ne douta pas qu'il avait * passé toute la nuit avec sa femme !

*   *   *

Marc était heureux et Yseut semblait elle aussi heureuse. Mais pendant qu'elle était avec son mari,

---

1) **avec le jour:** au lever du jour

elle pensait à Tristan, et quand elle était seule dans sa chambre, Tristan venait la retrouver en secret. Seuls, Gorvenal et Brangain connaissaient leur amour. Ils se rencontraient aux repas, à la promenade, ou le soir, dans la grande salle du château lorsque toute * la cour du roi écoutait des musiciens. Alors il leur arrivait de se regarder tendrement, et bientôt on commença à s'étonner de la grande amitié de la reine et de Tristan.

Un jour, toute la cour du roi était allée pique-ni- * quer dans la campagne. A un moment, la reine et Tristan se trouvèrent seuls près d'une fontaine. Tristan ne put se retenir d'embrasser Yseut sur la bouche. Alors ils entendirent un grand éclat de rire : un très petit homme, un nain[2], était sorti de derrière * un arbre. C'était Frocin, le nain du roi, le bouffon, c'est-à-dire l'homme qui était chargé de distraire le roi, de l'amuser avec ses mots d'esprit et ses grimaces. Or Frocin était un homme méchant et jaloux ; il aimait faire du mal aux gens qui étaient * heureux et se moquer de ceux qui étaient malheureux. Il s'en va aussitôt raconter au roi ce qu'il a vu. Marc ne veut pas le croire, mais il fait surveiller la

---

2) **un nain** : personne d'une taille anormalement petite
   cf. Blanche-Neige et les sept nains

reine qui ne peut plus sortir seule pour rencontrer son ami.

Tristan décide de s'éloigner pendant quelque temps. Accompagné de Gorvenal, il s'en va sur les chemins, * essayant d'oublier la reine aux cheveux d'or.

L'hiver passa, puis le printemps revint. Tristan ne pouvait plus rester loin de son amie. Il revint à Tintagel, secrètement.

Il y avait, dans le jardin du château, un grand pin. * Du pied de ce pin sortait une source qui formait un petit ruisseau. Ce ruisseau traversait le jardin puis passait sous les murs du château et coulait tout près des chambres des femmes. Tristan coupait[1] des petits morceaux de bois, écrivait des signes dessus, * puis les déposait sur l'eau du ruisseau. Quand ils arrivaient dans le château, Brangain les attrappait et courait les porter à la reine. Alors Yseut allait dans le jardin et elle retrouvait Tristan dans l'ombre du grand pin.

---

1) **Tristan coupait...:** 以下動詞はすべて半過去形におかれている が、(écrivait, déposait, arrivaient, attrappait, allait, retrouvait) これは松の木の下での密会が何度かくり返されたことを示している.

2) **astrologue:** ← astrologie＝art de déterminer le caractère et de prévoir le destin des hommes par l'étude des influences astrales

3) **il surprit le rendez-vous:** surprendre は「驚かせる」ではなく 「～の現場をとらえる, 目撃する」ほどの意.

Mais le nain Frocin, qui était aussi astrologue[2], sortait parfois la nuit, dans le jardin, pour observer les étoiles. Et un soir, il surprit le rendez-vous[3] des deux amants. Bien sûr, il alla aussitôt prévenir le roi. Alors Marc décida de surprendre la reine et ∗ Tristan.

Il annonça qu'il partait pour la chasse et qu'il serait absent pendant plusieurs jours. Il sortit de la ville avec les chasseurs, mais quand il fut dans la forêt et que la nuit fut venue[4], il revint en secret dans le ∗ jardin du château et monta se cacher dans les branches du grand pin.

Au bout d'un moment, il vit arriver Tristan, qui s'assit au pied de l'arbre. Un moment plus tard, la reine arriva à son tour. Tristan se leva pour l'accueil- ∗ lir. Mais la lune était très claire, et il aperçut l'ombre du roi dans l'eau de la fontaine. Il s'arrêta, plein de frayeur.

Yseut aussi avait vu l'ombre de son mari. Elle

Jacques a été surpris en train de tricher pendant l'examen.
4) **que la nuit fut venue**: 先行の quand, comme, afin que, puisque, etc に代る que. ここでは quand に代わっている.
   cf. Comme il avait soif et *que* le vin était bon, ...
   Quand il enterera et *qu'*il vous trouvera ici, ...
   ときには si にも代わるが, この場合は que のあとの動詞が接続法におかれるのがふつうである.
   S'il vient et *qu'*il *fasse* beau, ...

eut très peur, mais elle se mit tout de suite à parler:

—Tristan, pourquoi m'avez-vous demandé de venir à ce rendez-vous? Vous savez bien ce que pense le roi: il croit que je vous aime, et s'il savait que je * suis venue ici vous retrouver, pendant son absence, au milieu de la nuit, il serait très en colère contre nous. Pourtant, si je suis venue, c'est[1]) seulement pour vous dire de ne plus me demander de vous voir. Notre amitié n'est pas coupable. Si je vous * aime un peu, c'est parce que je vous ai soigné quand vous aviez été blessé par le Morholt, et aussi parce que vous êtes le neveu de mon mari. Mais le roi est entouré de jaloux qui lui font croire que nous le trahissons. Ils se moquent bien de lui parce qu'il * les croit.

Tristan a compris que son amie a vu comme lui l'image du roi dans l'eau de la fontaine. Il parle à son tour:

—Si je vous ai demandé de venir à ce rendez-vous, * c'est parce que le roi m'interdit d'entrer dans le château et de vous voir. Il croit que je l'ai trahi et

---

1) **si je suis venue, c'est...:** si は理由・原因節を導いている.「～であるのは,それは…だからだ」.
  ① Si～, c'est que ＋直説法
    Si je ne vous ai pas écrit, c'est que j'étais très occupé.
  ② Si～, ce n'est pas que ＋接続法

c'est pour moi une grande douleur qu'il pense ainsi.
Vous seule pouvez lui dire que les jaloux ont menti.
Vous seule pouvez obtenir qu'il me pardonne et me
permette de revenir auprès de lui. Je vous ai demandé
de venir pour vous supplier d'obtenir mon pardon. *
—Que dites-vous, Tristan ? Le roi vous soupçonne,
et si je lui parle de vous, il sera encore plus sûr que
nous l'avons trompé. Adieu: s'il savait que je suis
venue ici cette nuit[2], je suis sûre qu'il me tuerait !

Elle s'en va et Tristan se met à genoux au pied de *
l'arbre, le visage dans les mains, comme s'il pleurait.

Dans l'arbre, le roi a tout entendu. Il est très en
colère contre le nain qui l'a trompé et il décide de
le faire pendre et de permettre à son neveu de revenir
dans le palais.   *

Mais le nain avait deviné les pensées du roi et il
s'enfuit dans un pays voisin.

Marc est si heureux de ce qu'il a vu et entendu
sous le pin qu'il fait venir la reine et Tristan et qu'il
leur dit :   *

  Si je ne travaille pas, ce n'est pas que je sois paresseux,
mais c'est que je suis malade.
2) **cette nuit:** この語は, 用いられる動詞の時称やその他の文脈次
第で「昨夜」という意にも「今夜」という意にもなることに注意.
  Je n'ai pas bien dormi *cette nuit.*

—Pardonnez-moi tous les deux : des gens méchants me faisaient croire que vous m'aviez trahi. Mais cette nuit, j'étais dans le grand pin et j'ai entendu tout ce que vous avez dit. Maintenant, je ne croirai
* plus les méchants. Je te permets, Tristan, de revenir dans mon palais et de voir la reine autant que tu voudras. J'ai entièrement confiance en vous.

Tristan revient au palais, et à partir de ce jour, il couche[1] dans la chambre du roi !

*　　　*　　　*

* Mais les jaloux sont de plus en plus jaloux ! Et Tristan et la reine ont beaucoup de mal à cacher leur amour.

Parmi les compagnons du roi, il y avait trois barons plus jaloux et plus méchants que les autres. Plusieurs
* fois ils ont vu les deux amants ensemble. Une fois, même[2], alors que Marc est à la chasse, ils surprennent la reine et son ami dans le lit du roi. Alors ils vont trouver Marc et ils lui disent :

---

1) **il couche：** coucher は自動詞として用いられると「寝る，泊る」という意味で se coucher「床につく，寝る」と近い意.
2) **même：** あとの ils surprennent 以下を強調している.
3) **Nous ne pouvons accepter：** pouvoir, savoir はあとに不定詞を従えるとき，否定の pas を省略することが多い.
4) **à ton neveu：** 以下 Frocin は王に向かって tutoyer をしているが，これは「親しさ」とか「礼儀」の問題ではなく，Frocin が下層階級に属していることを示している. 後出の lépreux から王に対

—La reine vous trompe avec votre neveu. Nous ne pouvons accepter[3] une chose si honteuse. Si vous ne renvoyez pas Tristan, nous ne pourrons pas rester à votre cour. Nous rentrerons dans nos châteaux et nous vous ferons la guerre.   *

Le roi baisse la tête. Il a bien vu, lui aussi, que la conduite de la reine et de son neveu était bizarre. Il demande aux trois barons:

—Que me conseillez-vous ?

—Votre nain, Frocin, est parti, mais nous savons où * il se trouve. Si vous voulez, nous vous le ramènerons et il saura bien trouver le moyen de terminer cette affaire.

Le nain revient. Les barons lui expliquent ce qu'ils veulent: chasser Tristan de Tintagel. Le nain dit * au roi:

—Ordonne à ton neveu[4] de partir dès demain pour porter une lettre au roi Arthur, à Camelot. Il voudra parler à la reine avant son départ. Empêche-les d'être

---

しても (p. 46) ses compagnons から王に対しても (p. 50) tutoyer しているのに対し、les barons から王に対しては vous を使い (p. 39), Gorvenal から Tristan に対しても vouvoyer しているのは、前者が低い階級、後者が高い階級に属しているからである。貴族同士は、時として夫婦間でも vous を用いた。本書で王から Tristan に対しては tutoyer, その逆が vouvoyer しているが、これは「上下関係」を表わすもの.

seuls jusqu'au moment de se coucher. Comme Tristan
dort dans ta chambre, tu sortiras de ton lit pendant
la nuit. Alors je suis sûr que Tristan ira près de la
reine. Tu auras ainsi la preuve de sa trahison.

* Le roi appelle Tristan. Il lui donne une lettre
fermée par des cachets de cire[1] et lui dit:

—Voilà un message très important pour le roi Arthur.
Je veux que tu le lui portes toi-même. Tu partiras
demain matin au lever du jour[2].

* Tristan essaye de parler à la reine, mais le roi
reste avec lui jusqu'à l'heure du coucher. Tristan se
dit: il faut absolument que je parle à la reine avant
de partir. Cette nuit, quand le roi sera endormi,
j'irai dans son lit et je parlerai à Yseut.

* La nuit suivante, dès que le roi, la reine et Tristan
sont endormis, le nain entre dans la chambre et il
répand de la farine blanche entre le lit de Tristan et
celui du roi. Tristan a entendu le nain entrer[3], et

---

1) **des cachets de cire**: 蠟で封印したもの. そこから現在でも手
紙の封をすることを cacheter, 手紙をあけることを décacheter と
いう.
2) **au lever du jour**: dès qu'il fera jour
3) **Tristan a entendu le nain entrer**: 知覚動詞 (voir, entendre
など) +*inf* 構文, laisser+*inf* 構文は, faire +*inf* 構文と次のよう
に異なる. (p. 26, 注 3) 参照)
① 不定詞が自動詞の場合:

il le voit répandre la farine. Il comprend que s'il marche sur le sol pour aller dans le lit de Marc, la trace de ses pas sera marquée dans la farine. Pourtant, il veut absolument parler à la reine.

Au milieu de la nuit, le roi se lève et sort de la * chambre. Alors Tristan se met debout sur son lit; le lit de la reine n'est pas très éloigné: il saute de l'un sur l'autre sans poser les pieds sur le sol.

Le roi et les barons restent derrière la porte. Le nain leur demande de ne pas bouger et de ne pas * faire de bruit pendant un moment. Puis il dit au roi de rentrer dans la chambre. Quand Tristan entend la porte s'ouvrir, il se lève très vite et il saute sur son lit. Le roi entre, suivi du nain qui porte une chandelle. Tristan fait semblant de dormir[4]. Dans * le lit du roi, Yseut semble dormir aussi.

Le roi et le nain regardent la farine: il n'y a aucune trace de pas. Mais il y a des taches rouges sur la

---

On *entend entrer* le nain. ⎫ → On l'*entend entrer*.
On *entend* le nain *entrer*. ⎰

② 不定詞が他動詞の場合:
On *laisse traduire* cette lettre à Jean.
→ On la lui *laisse traduire*.
On *laisse* Jean *traduire* cette lettre.
→ On le *laisse* la *traduire*.

4) **Tristan fait semblant de dormir**: faire semblant de ~ = feindre de ~「～であるふりをする」

farine blanche : quelques jours plus tôt, Tristan avait
été blessé au pied, pendant une chasse. La plaie
était mal refermée : en sautant elle s'est rouverte.
Près de la reine, Tristan n'a senti aucune douleur,
* mais quand il est revenu dans son lit, quelques gouttes
de sang sont tombées sur la farine et le roi a ainsi la
preuve de sa trahison. Il appelle les barons qui sont
encore derrière la porte. Ils entrent, allument les
chandelles, tirent Tristan et la reine du lit et les
* attachent avec des cordes pour les empêcher de
s'enfuir.

Au matin, le roi ordonne qu'un bûcher soit préparé[1]
hors de la ville : Yseut et Tristan seront brûlés vivants.

On emmène Tristan le premier[2]. Il est conduit
* par des soldats. Sur le chemin qui mène à l'endroit
où il va être brûlé, il y a une chapelle. Cette chapelle est construite au bord d'un haut rocher. Au fond
de la chapelle, il y a une petite fenêtre. Mais cette
fenêtre s'ouvre sur la vallée et il est impossible de
* sortir par là. Pourtant, quand Tristan passe devant
la chapelle, il dit aux soldats :

---

1) **qu'un bûcher soit préparé :** bûcher＝amas de bois sur lequel
on brûlait les condamnés au supplice du feu　soit が接続法
になっているのは主節の動詞が ordonner であるため.
2) **le premier :** 「最初に」. これが Yseut の同格であったら la pre
mière となる.

44

—Seigneurs, je suis près de mourir : laissez-moi entrer dans cette chapelle pour prier Dieu un moment. Il n'y a qu'une entrée, aussi je ne pourrai pas m'enfuir.

On le détache. Il entre seul dans la chapelle ; il la traverse rapidement, ouvre la fenêtre et saute. Le * vent gonfle ses vêtements et ralentit sa chute. Il tombe sans se faire de mal sur une grande pierre plate qui se trouve à quelques mètres sous la fenêtre. (Aujourd'hui encore, cette pierre s'appelle "le Saut de Tristan") *

Devant la porte, les soldats attendent toujours. Au bout d'un moment, comme Tristan ne ressort pas, ils entrent dans la chapelle. Ils la trouvent vide et ils voient la fenêtre ouverte. Mais il ne peuvent pas voir Tristan, qui a réussi à descendre jusque dans la * vallée.

Quand le roi apprend la fuite de Tristan, il est dans une violente colère[3]. Il punit les soldats qui l'ont laissé échapper et il ordonne de chercher son neveu. Mais il sait bien que tous les Cornouaillais * aiment Tristan et voudraient le sauver : ils n'ont pas

---

3) **il est dans une violente colère** : 「非常に怒っている」一般には être en colère 「怒っている」と en を用いるが，une violente colère と修飾語を伴ったため，前置詞が dans に変わった。

cf. { J'habite *en* banlieue.
{ J'habite *dans* la banlieue de New York.

oublié que Tristan a vaincu le Morholt et a ainsi
sauvé les enfants de Cornouaille. Aussi, Marc déclare
que celui qui pourrait prendre Tristan et qui le laissera partir[1] sera pendu.

* Cependant, la reine à son tour a été amenée devant
le bûcher. Tout le monde (sauf le nain et les trois
barons!) supplie le roi de lui pardonner[2]. Mais la
colère du roi est trop forte et il ordonne qu'on la
jette dans le feu.

*   *   *

* Tristan a marché en se cachant dans la vallée. A
un moment, il voit un cavalier[3] qui vient vers lui.
Il tient un autre cheval qui marche près de lui.
Tristan se cache derrière un arbre, mais il reconnaît
bientôt Gorvenal, qui est sorti tristement de Tintagel
* en emmenant le cheval de Tristan. Les deux amis
s'embrassent et Tristan dit:

—Courons vite pour essayer de sauver Yseut.

Mais Governal lui répond:

—Que pourrons-nous faire, nous deux seuls, contre
* tous les soldats du roi? Nous serons tués et nous

---

1) **celui qui pourrait...et qui le laissera partir:** 最初の動詞
   pouvoir が条件法，次の laisser が直説法におかれていることに注
   意.「トリスタンを捕えることができるのに逃がしてしまう人」
2) **de lui pardonner:** pardonner à *qn*「(人を) 許す」という構文
   であるため，lui となっている. lui は à la reine

46

ne sauverons pas la reine. Il vaut mieux s'enfuir et se cacher pendant quelques jours. Après, nous reviendrons secrètement et nous vengerons votre amie[4] en tuant le nain et les trois barons qui sont la cause de votre malheur. *

Tristan comprend que Gorvenal a raison, et il le suit vers la forêt.

Cependant, au moment où Marc a donné l'ordre de jeter Yseut dans le feu, un homme est sorti de la foule et il s'est adressé au roi. Cet homme est * couvert de plaies noires; il a un trou profond à la place du nez; il marche avec des béquilles[5]; au moment où il ouvre la bouche, on voit qu'il n'a plus de dents: c'est un lépreux. Tout le monde se tient loin de lui. La lèpre est une terrible maladie: le * corps tombe petit à petit en morceau. Aucun médecin, aucun remède ne peut la guérir. A cette époque, il y a partout beaucoup de lépreux. Ils vivent ensemble, loin des autres hommes, car personne ne veut s'approcher d'eux par crainte d'attraper la maladie. *

Le lépreux dit au roi:

---

3) **cavalier**: 「騎馬武者」. chevalier「騎士」と混同しないこと.
4) **nous vengerons votre amie**: venger *qn*「(人の) 仇を討つ」自らの恨みを晴らすのは se venger
5) **béquilles**: 「松葉杖」

47

—Sire, si tu veux punir cette femme[1], le feu n'est pas un bon moyen : elle ne souffrira pas longtemps. Mes amis et moi, nous n'avons pas de femmes, ou seulement des femmes malades comme nous, vieilles
* et laides. La reine est jeune et belle : donne-la-nous. Elle vivra avec nous, et elle sera si malheureuse que chaque jour elle regrettera de ne pas avoir été brûlée sur le bûcher.

Le roi s'approche d'Yseut. Elle s'écrie :
* —Grâce ! Grâce ! Jetez-moi dans le feu, mais ne me donnez pas à ces gens.

Mais le roi ne l'écoute pas, il ordonne qu'on la détache et il la donne au lépreux qui l'emmène en riant. Ses amis et lui dansent de joie : jamais aucun
* lépreux n'a pu toucher une femme aussi belle que celle-là.

*　　　*　　　*

Pendant qu'ils marchent tristement vers la forêt, Tristan et Gorvenal entendent un grand bruit. Ils se cachent dans un buisson. Bientôt, ils voient arriver
* une troupe de lépreux qui marchent en s'appuyant sur des bâtons et sur des béquilles. Ils chantent joyeusement, entourant Yseut qui a le visage couvert de

---

1)　この tutoyer に関しては, p. 38 注 4) 参照.

larmes.

Quand Tristan aperçoit son amie, il remercie Dieu de l'avoir sauvée du bûcher. Il s'élance sur le chemin, suivi de Gorvenal. Celui-ci avait emporté leurs deux épées. Les bâtons des lépreux ne peuvent rien contre * les lourdes armes des deux cavaliers : ils s'enfuient en criant, aussi vite qu'ils peuvent, abandonnant Yseut qui se jette dans les bras de son ami.

Tristan ne s'attarde pas à les poursuivre[2] : il prend Yseut sur son cheval, et suivi de Gorvenal, il s'enfonce * dans l'épaisse forêt.

---

2) ...ne s'attarde pas à les poursuivre : s'attarder à+*inf*「いつまでも…する」

IV

Tristan, Yseut et Gorvenal sont dans la forêt. Ils
souffrent du froid, de la chaleur, mais pas de la faim :
Tristan est un excellent chasseur, ils ne manquent
jamais de gibier[1].

* L'hiver se passe, puis le printemps. Enfin arrive
l'été. Le jour de la Saint-Jean[2], Tristan se souvient :
—Il y a juste trois ans, nous étions sur le bateau,
Yseut et moi. Il faisait chaud comme aujourd'hui,
et, pour notre malheur, nous avons eu soif. C'est
* alors que nous avons bu cette boisson magique, et
depuis nous avons connu ensemble toutes les joies et
toutes les souffrances de l'amour.

Mais à l'heure même où ils avaient bu sur le bateau,
la boisson magique cessa de faire effet. Aussitôt ils
* comprirent combien ils avaient mal agi[3] envers le
roi Marc. Ils savaient bien qu'ils n'étaient pas vrai-

---

1) **gibier :** tous les animaux bons à manger que l'on prend à
la chasse
2) **Le jour de la Saint-Jean :** 洗者聖ヨハネの祝日，6月24日. la
は la fête を意味したもの.
3) **ils avaient mal agi :** bien とか mal という短い副詞は，複合
時では助動詞と過去分詞の間におかれるのが原則.

ment coupables : la boisson seule était la cause de leur amour. Mais maintenant que cet amour magique avait disparu, ils regrettaient ce qu'ils avaient fait. Tristan pensait :

—A cause de cette boisson, nous avons été obligés *
de fuir le château du roi, et Yseut doit vivre difficilement au fond de la forêt, au lieu d'être au milieu de ses servantes, dans les belles et riches chambres du palais.

Il décida alors d'essayer d'obtenir le pardon de Marc, *
sinon pour lui-même, au moins pour Yseut.

Il y avait dans la forêt un ermite[4], c'est-à-dire un moine qui vivait seul dans une cabane de branches et qui passait sa vie à prier Dieu. Tristan alla le trouver. Il lui raconta son histoire et lui demanda *
de le conseiller[5] et de l'aider. L'ermite comprit que les deux amants n'étaient pas coupables, et que si Dieu leur avait permis d'échapper au bûcher, c'était parce qu'il avait pitié d'eux. Il félicita Tristan de vouloir demander pardon à Marc et il écrivit pour *

---

cf. Vous avez *bien* chanté.
4) un ermite : religieux retiré dans un lieu désert
5) ...lui demanda de le conseiller : conseiller *qn*「(人に) 忠告, 助言する」conseiller *qch* à *qn*, conseiller à *qn* de+*inf*「(人に何を) 勧める」という構文とを区別して覚えること。

53

lui une lettre au roi.

Quand le roi reçut la lettre, il demanda conseil à ses compagnons.

—Roi, dirent-ils, reprends ta femme[1]. Ecris à Tris-
* tan de te l'amener. Quant à ton neveu, qu'il s'éloigne pendant quelque temps. Quand la reine aura bien repris sa place auprès de toi, il reviendra et tu le reprendras alors dans ta cour.

Le roi suit ce conseil. Il fait savoir à l'ermite
* qu'il accepte de reprendre sa femme, et que Tristan devra la lui ramener, dans trois jours : il pourra repartir sans crainte, car le roi fera dire dans toute la Cornouaille qu'il est réconcilié avec son neveu.

Tristan et Yseut ne sont plus liés par l'amour
* magique de la boisson. Mais ils sont bien tristes d'être obligés de se séparer. Tristan dit à la reine :
—Je vais partir loin de toi, mais je ne cesserai pas de penser à toi. Si un jour tu as besoin de moi, envoie-moi le plus fidèle chevalier de la cour. Je
* viendrai aussitôt à ton secours[2].

Yseut avait à son doigt un anneau que Marc lui avait donné. Elle le retira et le tendit à Tristan en disant :

---

1) この tutoyer に関しては, p. 38 注 4) 参照.
2) à ton secours: pour te sauver

54

—Prends cet anneau. Je jure que si un jour quelqu'un vient me trouver et me présente cet anneau, je ferai tout ce qu'il me demandera.

Trois jours plus tard, Tristan ramena Yseut à Tintagel. Avant de partir, Tristan dit à Yseut :   *

—Je ne veux pas m'éloigner de Cornouaille avant de savoir comment le roi, et surtout ses barons, se conduisent envers toi. Je me cacherai pendant quelque temps dans la forêt. L'ermite saura toujours où je suis.   *

*   *   *

Marc est heureux d'avoir retrouvé sa femme. Yseut pense toujours à Tristan, mais elle se conduit comme une parfaite épouse. Cependant les trois barons n'ont pas renoncé à lui faire du mal. Un jour, ils disent au roi :   *

—Sire, vous avez pardonné à la reine[3]. C'est bien. Mais elle ne vous a pas donné la preuve qu'elle ne vous a pas trahi. Tant que cette preuve ne sera pas faite, la honte ne sera pas effacée. Le roi est furieux contre eux, mais il est bien obligé de demander à * la reine de se justifier[4]. Yseut répond :

—Je le ferai. Mais je veux que vous fassiez venir

---

3) **vous avez pardonné à la reine:** pardonner à *qn.*「(人を) 許す」p. 44 注 2) 参照.　4) **se justifier:** prouver son innocence

le roi Arthur et ses chevaliers de la Table Ronde.
Ainsi, quand j'aurai juré que je suis innocente de
ce dont on m'accuse, ils seront témoins. Et si quelqu'un continue encore à dire du mal de moi[1], ils
* me défendront avec leur épée. Je veux aussi que la
cérémonie du serment ait lieu[2] à l'endroit que l'on
appelle la Lande Blanche.

La reine était habile, et elle n'avait pas choisi cet
endroit par hasard.

* Le roi envoie un messager à Camelot, qui est le
château du roi Arthur. Celui-ci répond qu'il sera à
Tintagel, avec ses chevaliers, dans moins de quinze
jours. Yseut fait porter une lettre à l'ermite, pour
Tristan.

* Le jour fixé pour le serment, toute la cour[3] part
pour la Lande Blanche, suivie par la foule des habitants de Tintagel. Mais pour y arriver, il faut tra-
verser un marais plein de boue. Il n'y a qu'un
endroit où on peut passer; un lépreux s'y est installé:
* beaucoup de riches seigneurs vont passer par là, et
il y aura beaucoup d'aumônes à gagner!

---

1) à dire du mal de moi: dire du mal de~「~の悪口を言う」
2) la cérémonie du serment ait lieu: avoir lieu = se passer,
   se dérouler

56

Quand le cortège arrive tout le monde traverse le marais en s'enfonçant dans la boue. Mais Yseut a une belle robe blanche et elle ne veut pas la salir. Elle appelle le lépreux et lui dit :

—J'ai besoin de toi. Tourne-toi et penche-toi en *
avant : Je vais monter sur ton dos, et tu me porteras de l'autre côté.

Personne, sauf la reine, n'a reconnu le lépreux : c'est Tristan, qui s'est frotté la peau avec des herbes, qui a mis des habits tout déchirés et qui marche *
difficilement avec une béquille. Il prend la reine sur son dos, une jambe à droite, l'autre à gauche, et, faisant semblant d'avancer avec difficulté avec son bâton, il la transporte jusqu'à l'autre bord du marais. Elle le remercie avec une pièce d'argent, puis elle *
s'éloigne de lui sans même le regarder.

Le roi Arthur et ses chevaliers sont déjà arrivés. Sur un drap de soie, on a posé des croix et des objets sacrés. C'est sur eux que la reine va étendre la main au moment de jurer. Si elle fait un faux serment, *
Dieu la punira aussitôt : si rien n'arrive après qu'elle

---

3) **toute la cour :** tous les courtisans *cf.* toute la ville=tous les habitants de la ville (métonymie)

aura juré[1], ce sera la preuve qu'elle n'a pas menti.

Le roi Arthur se lève et s'approche du drap. Il appelle Yseut et lui dit:

—Belle Yseut, vous devez maintenant déclarer devant
* Dieu que vous n'avez pas trahi votre mari.

Yseut étend la main sur les objets sacrés et dit d'une voix forte:

—Je jure devant Dieu que jamais aucun homme ne s'est mis entre mes jambes, sauf le lépreux qui m'a
* portée tout à l'heure, et le roi Marc, mon époux.

Arthur se tourna vers Marc:

—Nous avons tous entendu le serment de la reine. Malheur maintenant à ceux qui refuseront de la croire!

Le roi Marc se lève à son tour. Il s'approche de
* la reine et l'embrasse. Alors la foule pousse des cris de joie et se met à chanter. C'est un joyeux cortège qui revient à Tintagel où pendant trois jours se déroulera une fête plus brillante encore que celle qui avait marqué le mariage du roi.

---

1) **après qu'elle aura juré:** aura juré は未来完了を表わす jurer の前未来形. 一般に「〜する前に」,「〜したのちに」の用法を整理しておくこと.
　① 「〜する前に」　avant de +*inf* (同一主語)
　　　　　　　　　　 avant que+ (ne) *subj* (主語が異なる場合)
　② 「〜したのちに」 après avoir (être)+*p.p.* (同一主語)
　　　　　　　　　　 après que+*ind* (主語が異なる場合)
　p. 1 注 1) 参照.

58

Tristan est reparti dans la forêt. A la cabane de l'ermite, il retrouve le fidèle Gorvenal. Il quitte son déguisement[2] de lépreux, reprend ses vêtements. Ils montent tous les deux à cheval, remercient l'ermite et s'éloignent lentement, silencieux et la tête baissée[3]. *

---

2) **Il quitte son déguisement**: 「彼は変装を解く」→ se déguiser =s'habiller de manière à être méconnaissable

3) **la tête baissée**: 方法・手段を表わす副詞句中では，身体の部分及び衣類，携帯品の前に定冠詞を用い，所有形容詞は用いない．

Je suis rentré *le* cœur las.

比較 {Il est entré *les* mains dans les poches.
{Il m'a montré *ses* mains sales.

V

Tristan et Gorvenal ont longtemps marché. Ils ont traversé la mer et sont allés en France, puis en Espagne. Tristan s'est battu contre de méchants seigneurs, contre des géants cruels, contre tous ceux
* qui faisaient souffrir les pauvres gens. Partout il a gagné beaucoup de gloire et beaucoup d'honneur. Mais ni l'honneur, ni la gloire ne pouvaient lui donner le bonheur: il pensait sans cesse à Yseut et il se demandait tristement si Yseut pensait toujours à lui.
* Yseut était aussi malheureuse que Tristan: obligée de vivre comme la femme d'un homme qui l'aimait mais qu'elle n'aimait pas, elle pensait jour et nuit— la nuit surtout—à son ami qu'elle ne reverrait peut-être jamais. Elle n'avait aucune nouvelle de lui.
* Personne ne lui parlait jamais de Tristan de Loonois, sauf Brangain. Mais Brangain ne savait pas où était Tristan.

---

1) **Houel**: [uɛl] と発音.
2) **Caherdin**: [kaɛrdɛ̃] と発音.
3) **Carhaix**: [karɛks] と発音.
4) **il rêvait à Yseut la Blonde**: rêver à は songer à の意.「～ の夢を見る」は rêver ～ または rêver de ＋人称代名詞.

Tristan resta deux ans en Espagne, puis il remonta vers le nord. Il arriva en Bretagne au moment où le vieux duc Houel[1] était en guerre avec ses voisins. Il se mit à son service et il réussit à chasser les ennemis hors des terres du duc de Bretagne. Le duc * avait un fils, Caherdin[2], qui avait le même âge que Tristan et qui devint son ami. Caherdin demanda à Tristan de rester avec lui à Carhaix[3], la capitale, et Tristan accepta.

Caherdin avait une sœur, qui était la jeune fille la * plus belle et la plus sage de tout le pays. Quand Tristan entendit son nom, il fut tout troublé : elle s'appelait Yseut et tout le monde l'appelait Yseut aux Blanches Mains ! Elle avait les cheveux blonds comme la fille du roi d'Irlande, et à cause de cette ressem- * blance, Tristan aimait rester près d'elle : auprès d'Yseut aux Blanches Mains il rêvait à Yseut la Blonde ![4]

Le soir, Tristan chantait souvent, en jouant de la harpe, des chansons tristes qu'il composait lui-même. L'une de ces chansons disait :   *

    " Yseut ma drue[5], Yseut ma mie,

比較 { J'ai rêvé *à* vous.
       { J'ai rêvé *de* vous.

5) **Yseut ma drue**: drue は中世フランス語で amante, amie 「恋人」の意. 現代の dru(e) という形容詞とは関係ない.

En vous ma mort, en vous ma vie."

ce qui veut dire: Yseut, vous qui êtes mon amante et mon amie, je ne vis que pour vous et je mourrai pour vous. Tristan parlait d'Yseut la Blonde, mais * tout le monde crut qu'il parlait de la sœur de Caherdin. Tout le monde pensa que le mariage de Tristan et d'Yseut aux Blanches Mains serait une excellente chose.

Tristan hésita longtemps. Puis, comme il savait * qu'il ne pourrait jamais aimer à nouveau la reine de Cornouaille, il finit par accepter. Le mariage fut célébré au milieu de la joie générale[1].

Mais le soir, quand Tristan fut couché auprès d'Yseut aux Blanches mains, il se souvint du serment qu'il * avait fait à l'autre Yseut, et il fut incapable de répondre aux baisers et aux caresses de sa jeune épouse. Et il en fut de même[2] les nuits suivantes.

Yseut aux Blanches Mains fut très surprise de l'attitude de Tristan. Celui-ci se montra d'une très * grande douceur[3] avec elle, d'une extrême gentillesse,

---

1) **au milieu de la joie générale:**「全員の楽しさのさなかで」
2) **il en fut de même:**「同じであった」en は漠然と de cela を表わすガリシスム. (このようなフランス語特有の熟語的表現中に見出される en, y, le はガリシスムと呼ばれる)
   A *en* croire Georges, ...
   Je ne sais plus où j'*en* suis.

mais jamais il ne voulut lui donner les raisons de sa froideur. Et, bien entendu, sa femme ne parla à personne de sa déception.

*   *   *

Deux ans passèrent encore. Tristan était de plus en plus sombre et mélancolique. Caherdin était * triste de cette mélancolie dont il ne comprenait pas la raison.

Or un jour la guerre éclata de nouveau entre la Bretagne et ses voisins. Tristan, qui était le chef de l'armée du duc, réussit une fois encore à vaincre les * ennemis, mais il fut gravement blessé. On ne put le ramener à Carhaix, et on dut le transporter dans un château qui se trouvait au bord de la mer.

Yseut aux Blanches Mains vint pour soigner son mari, avec l'aide de Caherdin et du fidèle Gorvenal. * Mais l'arme qui avait blessé Tristan était empoisonnée, comme autrefois l'épée du Morholt. Aucun médecin de Bretagne ne parvenait à guérir[4] la blessure de Tristan. Alors celui-ci appela Caherdin et

---

Ah, j'y suis !
Il l'emporta sur elle.
Ouf ! je l'ai échappée belle !
3) **Celui-ci se montra d'une très grande douceur :** se montrer =être   Il s'est montré d'une avarice sordide.
4) **...ne parvenait à guérir :** parvenir à=réussir à

lui raconta secrètement l'histoire du Morholt, du voyage en Irlande, et d'Yseut la Blonde, qui seule, avec sa mère, avait pu le guérir de l'épée empoisonnée. Puis il parla de la boisson magique et
* de l'amour qui existait entre la reine de Cornouaille et lui. Il dit à Caherdin qu'il avait promis à Yseut la Blonde de lui rester fidèle, et que, à cause de ce serment, Yseut aux Blanches Mains était encore vierge deux ans après son mariage.

*   Puis il ajouta:

—Personne ne pourra me guérir, sauf la fille du roi d'Irlande. Caherdin, mon ami, si tu veux me sauver, il faut que tu partes tout de suite[1] pour Tintagel en Cornouaille. Prends cet anneau: il m'a été donné
* par la femme du roi Marc. Montre-le-lui et dis-lui que son ami est en train de mourir de la blessure d'une arme empoisonnée. Dis-lui qu'elle seule peut le guérir et qu'il la prie de venir[2] le plus vite possible le sauver une deuxième fois de la mort. Il ne

---

1) **que tu partes tout de suite:** 独立節 Que + *subj* は願望, 命令, 憤慨などを表わす.
 ① Que votre volonté *soit* faite.
 ② Que personne ne *sorte*.
 ③ Moi, que je *fasse* des excuses!
 本文の場合は②の命令にあたる.
2) **il la prie de venir:** prier *qn* de+*inf* 「(人に～することを) 頼む」. demander à *qn* de+*inf* との構文の違いに注意. 同じ de+*inf*

me reste sans doute pas plus de vingt jours à vivre.
Fais donc vite : si dans vingt jours tu n'es pas revenu,
tu ne me reverras pas vivant.

Il ajouta :

—Emporte deux voiles pour ton bateau : une blanche *
et une noire. A ton retour, avant d'entrer au port,
mets la voile blanche si tu ramènes la reine Yseut.
Tu mettras la voile noire si elle a refusé de t'accom-
pagner.

Caherdin promet de faire tout ce que Tristan lui *
a demandé et il se prépare tout de suite à partir.
Il dit à tout le monde qu'il va en Angleterre chercher
un médecin qui sera capable de guérir Tristan.

Mais Yseut aux Blanches Mains a entendu tout le
récit de son mari : elle était cachée derrière une porte *
et elle n'a pas perdu un mot[3]. Elle comprend
maintenant la cause de la froideur de Tristan et elle
devient terriblement jalouse de la fille du roi d'Irlande.
Pourtant, elle continue à soigner son mari sans rien

でも，前者では間接目的であるため en で受けられるが（Je vous
en prie.）後者では直接目的であるため le で受けられる（Je vous
le demande.）

3) **elle n'a pas perdu un mot** : 「彼女は一言も聞き逃さなかった」
否定文中，直接目的語の前の un(*e*) は「唯一つも…ない」という強
意。

比較 $\begin{cases} \text{Je n'ai pas } d'\text{argent.} \\ \text{Je n'ai pas } un \text{ sou.} \end{cases}$

dire. La plaie de Tristan sent si mauvais qu'elle
seule et Gorvenal peuvent encore s'approcher de lui.

＊　　　　＊　　　　＊

Caherdin s'est habillé en marchand. Il est arrivé
à Tintagel, et il a réussi à rencontrer la reine. Il lui
＊ montre l'anneau. Aussitôt Yseut devient toute pâle[1].
Elle lui demande tout bas:

—As-tu des nouvelles de Tristan?

—Oui, reine, répond Caherdin. Tristan vous appelle
à son secours.

＊　Et il lui raconte tout: le mariage de Tristan avec
Yseut aux Blanches Mains, la fidélité qu'il a gardée
à son amie malgré ce mariage, puis la blessure empoisonnée et la maladie qui va le conduire à la mort
si la reine ne vient tout de suite le soigner.

＊　Yseut n'hésite pas: elle ordonne à Brangain de tout
préparer pour le départ. Dès que la nuit est tombée,
Yseut et Brangain sortent par une petite porte du
château. Elles courent jusqu'au port, montent sur
le bateau de Caherdin. Aussitôt les marins hissent la
＊ grande voile blanche et, poussé par un bon vent, le
bateau quitte Tintagel.

---

1) **Yseut devient toute pâle**: 副詞の tout が変化しているのは，
子音で始まる女性形容詞の前であるため. p. 24 注 2) 参照.

2) **Les jours ont passé**: passer は自動詞とし用いられる場合，
「行為」を表わす場合に複合時で avoir をとり，「行為の結果」を表

66

Les jours ont passé[2] et Tristan est de plus en plus près de la mort. On ne voit pas revenir le bateau de Caherdin. Pourtant, il approche de la côte de Bretagne. Yseut la Blonde regarde la mer avec impatience : il ne reste plus que deux jours avant la * fin du délai fixé par Tristan. Elle sait bien que si le vingtième jour elle n'est pas arrivée près de lui, il se laissera mourir. Mais Caherdin la rassure : demain on entrera dans le port.

Dans la nuit, une tempête s'élève ; le vent devient * très violent et pendant toute la journée, le bateau est retenu loin de la côte. Le vingtième jour, enfin, la tempête s'apaise.

Tristan ne peut plus bouger. Il ne peut même pas se soulever sur son lit. Gorvenal est près de lui. * Yseut aux Blanches Mains est sur la terrasse du château : elle surveille la mer, essayant d'apercevoir le bateau de Caherdin. Soudain une voile blanche apparaît devant le port : c'est le bateau qui ramène Yseut la Blonde. Alors Yseut aux Blanches Mains * se précipite dans la chambre de Tristan en criant :

わす場合に être をとる.

{Il *a* passé devant la maison.

{Le facteur *est*-il déjà passé ?

—Voilà le bateau! Voilà le bateau!

Tristan ouvre les yeux et demande faiblement:

—De quelle couleur est la voile?

Et sa femme répond:

* —Elle est noire. Cela a-t-il un sens ?

Tristan ne répond pas. Il ferme les yeux. Gorvenal croit qu'il s'est endormi. Il se penche sur lui et il s'aperçoit qu'il est mort.

Aussitôt les cloches de la chapelle sonnent le glas[1]:

* c'est la sonnerie qui annonce à tout le pays que quelqu'un vient de mourir. Quand Yseut la Blonde descend du bateau, elle entend les cloches et elle voit la tristesse des gens sur le port. Elle demande pour qui sonnent les cloches.

* —Hélas, belle dame, lui répond-on, nous pleurons le meilleur homme, le plus courageux et le plus généreux: Tristan, le chevalier, est mort tout à l'heure dans son lit d'une blessure qu'il avait reçue en défendant la Bretagne contre ses ennemis.

* Yseut ne dit pas un mot. Elle monte au château, elle entre dans la chambre de Tristan. Elle se met à genoux près de son corps et elle dit:

---

1) le glas: tintement d'une cloche d'église pour annoncer la mort d'une personne

2) je l'aurais mariée à mon neveu: marier は他動詞で、「～を結婚させる、～を嫁にやる」という意味.

70

—Ami Tristan, Dieu n'a pas voulu que j'arrive assez tôt pour vous sauver. Vous êtes mort pour mon amour et moi je n'ai plus maintenant aucune raison de vivre.

Alors elle se relève, s'allonge auprès de Tristan. *
Elle le prend dans ses bras et met ses lèvres contre les siennes. Elle pousse un grand soupir et elle meurt à son tour.

*   *   *

Caherdin et Gorvenal ramenèrent leurs corps à Tintagel. D'abord Marc ne veut pas que Tristan soit *
enterré en Cornouaille. Mais Caherdin et Brangain lui racontent toute l'histoire de la boisson magique et de l'amour impossible des deux amants. Le roi dit:
—Hélas, pourquoi n'ai-je pas su aussitôt cette aventure. Au lieu d'épouser Yseut, je l'aurais mariée à *
mon neveu[2)] que j'aimais tant.

Il leur fit faire des funérailles dignes de leur haut rang.

On les mit tous les deux dans le même tombeau. Sur un côté du tombeau, on planta une vigne. *
De l'autre côté, un oiseau sauvage, en passant, laissa

Ils ont *marié* leur fille à un boucher.
Le curé a *marié* ce jeune couple.
「～と結婚する」は se marier avec～, épouser～.

tomber une graine de rosier. La vigne et le rosier poussèrent et se rejoignirent au-dessus du monument, mêlant leurs branches et leurs feuilles, les grappes et les fleurs : on disait que c'était l'image de l'amour de
* Tristan et Yseut, que la mort même n'avait pu séparer.

音声はこちら

https://text.asahipress.com/free/french/tristanetyseut/

トリスタンとイズー

検印 省略	ⓒ	1972年4月1日　第1版発行 2003年4月20日　第11刷発行 2024年3月1日　改訂第1版発行

編著者	クリスチャン・ボームルー 丸　山　圭　三　郎

発行者	原　　雅　久
発行所	株式会社　朝　日　出　版　社

101-0065 東京都千代田区西神田 3-3-5
電話　(03)3239-0271·72
振替口座　00140-2-46008
https://www.asahipress.com
錦明印刷株式会社

乱丁、落丁本はお取り替えいたします。
ISBN978-4-255-35349-4　C1085